W0391453

Iris Prey

Tolle Ostereier

Iris Prey

Tolle Ostereier

Tips · Tricks
Techniken

Mit Vorlagen
in Originalgröße

Augustus Verlag

Inhalt

Vorwort

Nicht nur Kinder holen in der Zeit vor Ostern gerne ihre Malsachen heraus, um Eier zu verzieren. Auch Erwachsene haben Freude daran, Eier für einen bunten Osterstrauß, eine Tischdekoration oder als Geschenk zu gestalten. Denn die glatte, weiße Oberfläche eines Eies weckt in jungen und alten Hasen die Kreativität.
Für die einen ist es eine vergnügliche Beschäftigung, die das Warten auf den Frühling verkürzt und die Vorfreude auf Ostern untermalt, für andere kann es zu einem dauernden Hobby werden. Das zeigen die zahlreichen Ostereiermärkte in der Stadt und auf dem Land, wo sich Eierkünstler und Sammler treffen und gemeinsam bedauern, daß nicht öfter Ostern ist.

Wer sich frisch in die Ostereier-Malwerkstatt begibt oder einfach nur Ideen sucht, findet im vorliegenden Buch eine Reihe neuer und bewährter Techniken, die zum Nachahmen anregen sollen, dazu viele praktische Tips.

Viel Freude und gutes Gelingen wünscht Ihnen dabei

Iris Prey

Vorbereitung und Technik

Auswahl des Eies

Das zum Bemalen und Verzieren gebräuchlichste Ei ist das Hühnerei. Kaufen Sie Eier möglichst lose, so können Sie darauf achten, ob die Form gleichmäßig und die Oberfläche glatt ist. Nehmen Sie weiße Eier, denn darauf erscheinen die Farben klarer.

Sie können auch das Jahr über die Eier sammeln, die Sie in der Küche verwenden. So haben Sie zur Osterzeit einen Vorrat und brauchen nicht ständig Rührei zu essen oder Kuchen zu backen.

In gut geführten Bastelgeschäften und auf Ostermärkten bekommen Sie außerdem fertig ausgeblasene Gänse- oder Enteneier und verschiedene andere Sorten, die sich hervorragend bemalen Lassen.

Ausblasen und reinigen

Das Loch zum Ausblasen machen Sie mit einer Stecknadel auf der spitzeren Eiseite, indem Sie mehrmals im selben Bereich einstechen, bis eine etwa 3 mm große Öffnung entsteht. Mit einer runden Nadelfeile können Sie das Loch nach dem Ausblasen und Trocknen vorsichtig glätten. Wer ein Minibohrgerät besitzt, wird eine saubere Öffnung mit einem Korund-Fräser bohren.
Die breitere Eiseite brauchen Sie nur einmal mit der Nadel einzustechen.

Ausblasen können Sie das Ei auf die bekannte Weise durch kräftiges Pusten durch die kleinere Öffnung oder mit einer Klistierspritze, die Sie in Apotheken erhalten. Auch in Bastelgeschäften finden Sie verschiedene Geräte zu diesem Zweck, denen eine Gebrauchsanweisung beiliegt.

Reinigen Sie das Ei von innen, indem Sie es bei knapp aufgedrehtem Hahn zur Hälfte mit Wasser füllen. Vorsichtig schütteln und wieder ausblasen. Waschen Sie es von außen mit etwas Spülmittel ab, um kleine Fettspuren zu entfernen. Wenn Sie das Ei mit der Öffnung nach unten auf mehrere Lagen Haushaltspapier stellen, ziehen auch die letzten Feuchtigkeitströpfchen heraus. Gelegentlich sitzen auf der Eioberfläche kleine Kalkpickelchen. Diese können Sie bedenkenlos mit feinem Schleifpapier entfernen.

Vorzeichnen des Motivs

Motive werden in der Regel mit dem Bleistift vorgezeichnet. Verwenden Sie hierfür einen gut gespitzten Stift Nr. 3 oder H. Vermeiden Sie festes Aufdrücken und dicke Striche, da diese bei einem hellen Farbauftrag unschön durchschimmern können. Überflüssige Linien lassen sich mit einem Tintenradiergummi entfernen. Umrißlinien, die später nicht mit schwarzen Konturen nachgezogen werden, können Sie in den entsprechenden Farben auch mit Buntstiften zeichnen.

Übertragen Sie ein Motiv von der Vorlage auf das Ei, können Sie die Vorlage der Eigröße entsprechend über einen Kopierer vergrößern oder verkleinern. Leider ist es nicht möglich, die Vorlage direkt auf das Ei zu pausen, denn durch die Rundung verzerrt sich jedes Motiv. Senkrechte, parallele Linien müssen oben und unten zusammenlaufen, was Sie bei geometrischen Mustern und den Häusermotiven berücksichtigen sollten. Auch bei Tierzeichnungen müssen abstehende Teile wie etwa Hasenohren oder Entenschnäbel gegenüber der Vorlage etwas kürzer gezeichnet werden.

Beginnen Sie immer mit den äußeren Konturen, und zeichnen Sie die Details zum Schluß ein. Beim Vorzeichnen eines Motivs oder bei der Ausarbeitung eines Details erhalten Sie eine sichere Führung von Stift oder Pinsel, wenn Sie die Hand mit dem kleinen Finger vorsichtig am Ei aufstützen.

Pinsel und Farben

Die Qualität eines Pinsels ist sehr wichtig für das Gelingen der Bemalung. Zum Grundieren oder zum Bemalen größerer Flächen ist ein einfacher runder Haarpinsel (Schulmalpinsel) vollkommen ausreichend. Für genau auszuarbeitende Details oder saubere Konturen empfiehlt sich dagegen ein Marderhaarpinsel. Er ist verhältnismäßig teuer, hat aber bei allen Stärken eine sehr feine Spitze und kräftiges Haar. So können Sie z.B. einen Marderhaarpinsel Nr. 1 bis 4 verwenden, wo Haarpinsel Nr. 1 angegeben ist.

Malen Sie mit wasserfest auftrocknender Farbe (Plakafarbe, Zeichentusche), Sie sollten den Pinsel öfter auswaschen, als bei anderen Farben, da die Pinselhaare leichter angegriffen werden.

Bei den meisten verwendeten Farben der aufgeführten Techniken handelt es sich um Plakatfarbe (Plaka) und Wasser- bzw. Deckfarben. Plakafarben trocknen wasserfest auf, wodurch eine sehr gute Deckkraft erzielt werden kann. Denn auch bei dunklen Farben reicht ein einmaliger Auftrag nicht aus, um eine gleichmäßig deckende Fläche zu erzeugen, das Weiß der Eierschale schimmert durch. Lassen Sie also den ersten Farbauftrag gut trocknen und pinseln dann ein zweites, eventuell auch drittes Mal über dieselbe Fläche. Bei nebeneinanderliegenden Partien empfiehlt es sich, mit der größeren Fläche und helleren Farben zu beginnen. Eventuelle Ungenauigkeiten lassen sich mit der dunkleren Farbe dann leichter ausbessern.

Da Plakafarbe gegen Feuchtigkeit unempfindlich ist, können Sie auf eine Abschlußlackierung verzichten. Für die Verwendung von Wasser und Deckfarben reicht ein Schulmalkasten vollkommen aus. Im Grunde genommen sind Deckfarben auch Wasserfarben, nur daß sie satter angelöst eine ziemlich deckende Wirkung zeigen. Je dünner die Farbe aufgetragen wird, desto luftiger ist der Gesamteindruck. Beginnen Sie auch hier immer mit den helleren Farben und großen Flächen und arbeiten dann erst die Details aus.

Wasser- und Deckfarben sollten auf jeden Fall lackiert werden, da die Bemalung empfindlich auf Feuchtigkeit reagiert.

Zum Trocknen stecken Sie das Ei auf einen Schaschlikspieß, den Sie in ein mit Sand oder Katzenstreu gefülltes Marmeladenglas stellen.

Halten des Eies

Grundsätzlich ist es zu empfehlen, ein Ei zum Bemalen locker in der Hand zu halten, weil es sich so nach allen Seiten leicht drehen läßt. Im Handel angebotene Eiermalgeräte, in die das Ei wie in einen Schraubstock mit zwei Gumminäpfen eingespannt wird, ist für die im Buch beschriebenen Maltechniken nicht empfehlenswert. Denn das Ei läßt sich nur um die Längsachse drehen, nicht aber nach oben und unten neigen.

Bei Verwendung von wasserlöslichen Farben passiert es leicht, daß die aufgetragene Farbe durch die Feuchtigkeit der Finger verwischt. Das läßt sich vermeiden, indem Sie einen dünnen Handschuh tragen oder das Ei in einem Tuch halten.

Lackieren

Für die meisten Techniken ist eine Abschlußlackierung nötig. Sie dient als Schutz für die Bemalung und läßt die Farben klarer wirken.

Sie können hochglänzenden oder seidenmatten Klarlack wählen. Bei Streichlack genügt eine einfache Schicht, die Sie mit einem weichen Haarpinsel Nr. 10 auftragen. Verwenden Sie Sprühlack, so tragen Sie im Abstand von ca. 30 cm 2 bis 3 dünne Schichten auf, die Sie nach jedem Sprühvorgang trocknen lassen. Halten Sie dabei den Raum gut gelüftet und decken Sie die Arbeitsfläche großzügig mit Zeitung ab, oder sprühen Sie im Freien.

Vorsicht! Bei Deck- und Aquarellfarben dürfen Sie keinen wasserverdünnbaren Lack verwenden, da dieser die Bemalung verwischen würde. Am sichersten ist es, wenn Sie sich bei der Wahl des Lacks im Fachhandel beraten lassen.

Aufhängung und Aufbewahrung

Als Aufhänger eignen sich weiße oder farbige Bändchen aus Stickgarn oder Nähseide. Knoten Sie ein 10 bis 15 cm langes Bändchen mit beiden Enden um ein Streichholz oder einen Zahnstocher und stecken ihn in die Eiöffnung. Das Bändchen guckt als Aufhänger heraus.

Wer ein bemaltes Ei aufstellen möchte, kann dafür einen kleinen hölzernen Gardinenring nehmen. Auch ein Schälchen mit Reis oder Getreide gibt einen originellen Hintergrund für das kleine Kunstwerk ab.

Die einfachste Art, Ostereier aufzubewahren, ist ein Eierkarton. Aber auch ein stabiles Kästchen, mit Ostergras ausgelegt, erfüllt diesen Zweck, vor allem, wenn Sie Eier in verschiedenen Größen aufbewahren wollen.

Plakatives Gestalten

Geometrische Muster

Wer gerade Formen und klare Linien liebt, hat sicher auch Freude an einem Ei mit geometrischem Dekor, bei dem nur zwei oder drei Farben verwendet werden. Am interessantesten wirken diese Eier in einer kleinen Gruppe vor einem schlichten Hintergrund.

Teilen Sie die Oberfläche des Eies mit dem Bleistift in ein gleichmäßiges Raster auf, indem Sie von der oberen zur unteren Mitte gerade Linien ziehen, die rund um das Ei denselben Abstand haben. Zeichnen Sie dann die waagerechten Linien, so daß ein Kästchenmuster entsteht. Mit diagonalen Linien, die jeweils durch die Eckpunkte laufen, können Sie das Ei nun in unterschiedliche Flächen aufteilen.

Malen Sie die Flächen abwechselnd in Schwarz und Silber oder in Schwarz und Rot sauber aus, oder kombinieren Sie alle drei Farben miteinander.

Überflüssige Bleistiftstriche werden dabei abgedeckt. Die Flächen eines zweifarbigen Eies können Sie auch mit der dritten Farbe voneinander absetzen, indem Sie mit dem Pinsel Konturen zeichnen.

Überziehen Sie das fertige Ei mit hochglänzendem Lack.

Tip

Probieren Sie verschiedene Varianten der Flächeneinteilung auf Rechenpapier aus, und übertragen Sie das gewünschte Muster auf das Raster des Eies.

Material und Werkzeug

- *Hühner- oder Gänseei*
- *Bleistift*
- *Haarpinsel Nr. 1 und Nr. 10*
- *Deckfarben, schwarz, rot, silber*
- *Klarlack, hochglänzend*
- *evtl. Rechenpapier*

Dekorative Farbflächen

Material und Werkzeug

- Hühnerei
- Bleistift
- evtl. Tintenradiergummi
- Haarpinsel Nr. 1
- Matte Plakafarbe in verschiedenen Tönen
- Mischtöpfchen
- Konzeptpapier

Es sind dieselben klaren Linien und Flächen, die diesen Eiern ihr Dekor geben, durch dezente Pastellfarben aber erhalten sie einen völlig anderen Charakter und fügen sich leichter in einen bunten Osterstrauß ein.

Die Einteilung des Eies mit einem Bleistiftraster erfolgt in derselben Weise, wie auf Seite 11 beschrieben. Hier sollten Sie jedoch überflüssige Bleistiftlinien entfernen, da sie mit hellen Farbtönen nur schwer abzudecken sind.

Sie können das Ei zwei- oder mehrfarbig anlegen. Dabei gehen Sie von einem Grundton aus und probieren auf einem Blatt Papier, welche Farben Ihnen dazu am besten gefallen. Bei den abgebildeten Eiern wurde jeder Farbe ein wenig von der Nachbarfarbe beigemischt. Dabei darf einem hellen Ton nur sehr wenig Dunkel zugesetzt werden, während umgekehrt der dunkle Ton einen guten Pinsel voll Hell verträgt, ohne sich sehr zu verändern. Durch gegenseitiges Mischen harmonisieren Farben besser miteinander. Auch das Aufhellen mit Weiß oder das Abdunkeln mit einem Hauch Schwarz harmonisiert Farbtöne, die sich sonst »beißen« würden. Mischen Sie genügend von jedem Ton an, damit Ihnen die Farbe nicht ausgeht, bevor Sie mit dem Ei fertig sind. Das genaue Nachmischen ist oft sehr schwierig.

Lackiert werden diese Eier nicht, da die matte Oberfläche den Charakter mitbestimmt. Außerdem trocknet Plakafarbe wasserfest auf und kann nicht mehr verwischen.

Material und Werkzeug

- Hühnerei, Wachtelei
- Plakafarbe, metallic, rot, blau, grün oder gold
- Haarpinsel Nr. 2, Nr. 6 und Nr. 10
- Zeichentusche, schwarz
- Zeichenfeder oder Tuschestift (rapidoliner), 0,7 mm
- Klarlack, hochglänzend

Blattranken

Diese schlicht gehaltenen Ranken winden sich um das ganze Ei. Besonders dekorativ wirken mehrere Eier in verschiedenen Farben und unterschiedlichen Größen, so etwa in einer Kombination von Hühner- und Wachteleiern.

Grundieren Sie das Ei mit dem Haarpinsel Nr. 6 gleichmäßig deckend in einer unvermischten Metallic-Plakafarbe. Bei Wachteleiern werden so die natürlichen Flecken abgedeckt. Lassen Sie die Farbe gut trocknen.

Zeichnen Sie nach einer Vorlage von Seite 56 ein Rankenmotiv direkt mit Feder und Tusche oder Tuschestift auf das Ei. Die Ranke soll Vorder- und Rückseite umwinden. Achten Sie darauf, daß die Blätter nicht zu klein werden und die Linien für die Stiele nicht zu eng beieinander liegen. Denn nur, was innerhalb der Umrisse liegt, bleibt später in der Grundfarbe stehen.

Füllen Sie mit Pinsel Nr. 2 und Zeichentusche die Zwischenräume vollständig aus, so daß nur die Ranken farbig hervortreten.

Überziehen Sie das fertige Ei mit Klarlack.

Die Vorlagen finden Sie auf der Seite 56.

Mischen Sie Rot und Orange zu gleichen Teilen zu einem Zwischenton, den Sie stark verdünnt auf den ganzen Kreis des Gesichtes auftragen.

Grundieren Sie alle anderen Flächen mit unverdünnter Plakafarbe, das Kopftuch rot, Kleid und Haare orange. Je nach Deckkraft müssen Sie die Farben zwei- oder dreimal auftragen, um gleichmäßige Flächen zu erzielen. Lassen Sie das Ei nach jedem Auftrag trocknen.

Zeichen Sie den Mund mit einem roten Buntstift vor. Für die Augen, das Blumenmotiv und die Kopftuchverzierungen verwenden Sie einen Bleistift. Eine Vorlage finden Sie auf Seite 56.

Blumenmotiv und Mund malen Sie mit verdünnten Deck- oder Aquarellfarben aus. Setzen Sie auf die Wangen je einen roten Tupfer.

Material und Werkzeug

- *Hühnerei oder Eier in verschiedenen Größen*
- *Matte Plakafarben, rot und orange*
- *Deck- oder Aquarellfarben*
- *Bleistift*
- *Buntstift, rot*
- *Haarpinsel Nr. 1, Nr. 6 und Nr. 10*
- *Klarlack, hochglänzend*

Babuschka

Freunden folkloristischer Kunst bereitet es bestimmt Freude, ein Ei oder mehrere Eier in verschiedenen Größen als Babuschka zu bemalen. Zwar lassen sich diese »Puppen« nicht ineinander stellen, doch wer möchte seine kleinen Kunstwerke auch verstecken?

Zeichnen Sie den Kreis für das Gesicht sowie die Haare und das Kopftuch mit Bleistift vor. Die untere Linie des Kopftuchs läuft auf der Rückseite waagerecht zusammen.

Tip

Als Fuß für ein Babuschka-Ei können Sie einen Knopf verwenden, der eine plane Rückseite hat und sich auf der Vorderseite nach innen wölbt. Die Größe des Knopfes richtet sich nach der Größe und Form des Eies. Malen Sie den Knopf in einer der Grundfarben an, kleben Sie das Ei vor dem Lackieren mit Sekundenkleber auf.

Die Vorlagen finden Sie auf der Seite 56.

Die Verzierungen und Konturen zeichnen Sie mit dem dünnen Pinsel in schwarzer Deckfarbe.

Sollten Sie da oder dort mit einem Pinselstrich etwas abgekommen sein, decken Sie diese Stellen mit der Grundfarbe ab und korrigieren sie.

Verwenden Sie für dieses Ei Hochglanzlack.

Stadt-
ansichten

Mittelalterlich muten diese kleinen Stadtlandschaften an, die rund ums Ei laufen. Dezent in den Farben und mit vielen weiß belassenen Flächen, kann sich jedes der Eier – ob hängend oder aufgestellt – auch als Einzelstück präsentieren.

Zeichnen Sie eines der Motive nach der Vorlage von Seite 57 mit Bleistift auf das Ei. Durch die Rundung des Eies laufen dabei die senkrechten Linien oben und unten etwas zusammen. Sollten Sie mit Anfang und Ende der Zeichnung auf dem Ei nicht zusammenkommen, müssen Sie improvisieren, indem Sie eine Mauer verkürzen oder ein Haus oder einen Turm dazwischen setzen.

Fenster, Dächer, teilweise die Mauern und die Straße werden mit Plakafarbe ausgemalt. Sie können für das ganze Ei eine einzige Farbe nehmen oder es mehrfarbig gestalten, wobei Sie dann Fenster und Dächer in Dunkelrot und Blau, Mauern und Türen in Grau und Braun halten.

Material und Werkzeug

- *Hühnerei*
- *Bleistift*
- *Plakafarben, matt*
- *Haarpinsel Nr. 1, Nr. 2 und Nr. 10*
- *Klarlack, seidenmatt*

Eine andere interessante Farbgebung entsteht, wenn Sie Dunkelblau und Braun jeweils mit etwas Weiß aufhellen und in unterschiedlichen Verhältnissen miteinander mischen. Verteilen Sie die so entstandenen Farbnuancen auf die verschiedenen Flächen rund um das Ei.

Zeichnen Sie alle Linien mit schwarzer Farbe und dem dünnen Pinsel möglichst gleichmäßig nach.

Ist die Farbe getrocknet, lackieren Sie das Ei mit seidenmattem Klarlack.

Tip

Sie können mit einem Zirkel waagerechte Hilfslinien auf das Ei zeichnen und erhalten so eine gerade Führung für die Straße, längere Mauern oder Dächer. Liegt das Einstichloch der dicken Eiseite genau in der Mitte, können Sie die Zirkelspitze darin ansetzen, andernfalls stechen Sie dafür mit einer Nadel ein zweites Loch. Führen Sie den Zirkel sehr behutsam herum, damit das Einstichloch nicht aufbricht.

Die Vorlagen finden Sie auf der Seite 57.

sollten Sie vorher mit weißer Plakafarbe grundieren, damit seine natürlichen Flecken abgedeckt sind. Malen Sie die einzelnen Farbflächen und den Hintergrund aus. Sie können die Farben unvermischt verwenden oder untereinander mischen. Auch die Kombination von matter und glänzender Farbe oder von matten Tönen und Metallic-Farben ist bei dieser Gestaltungsart möglich. So stehen der Löwe und die Eule in Glanzton auf mattem Grund, während es bei dem Hasen umgekehrt ist. Die beiden Mäuse und das Eichhörnchen sind in Metallic gemalt und stehen teils auf mattem, teils auf glänzendem Grund. Dagegen sind Ente und Pinguin, bis auf die glänzenden Schnäbel und Füße, ganz in matter Farbe gemalt. Der Elefant auf dem Hühnerei ist durchweg matt, die Wachteleier und das Gänseei sind durchweg glänzend gehalten.

Zeichnen Sie alle Konturen mit dem dünnen Pinsel in schwarzer Farbe nach. Eine abschließende Lackierung ist nicht nötig.

Material und Werkzeug

- *Hühnerei, Wachtelei, Gänseei*
- *Bleistift*
- *Haarpinsel Nr. 1, Nr. 2 und Nr. 6*
- *Plakafarben, matt, glänzend und metallic, in verschiedenen Farben*

Die Vorlagen finden Sie auf der Seite 58.

Lustige Tiermotive

Ob jung oder alt, an diesen lustigen Tieren wird jeder seine Freude haben. Sie passen in den buntgemischten Osterstrauß, doch auch ein Elefanten- oder Pinguinsammler wird sich über ein Ei mit seinem Lieblingsmotiv freuen.

Übertragen Sie das gewünschte Motiv von der Vorlage auf Seite 58 mit Bleistift auf das Ei. Ein Wachtelei

Tip

Dasselbe Motiv können Sie auf Vorder- und Rückseite des Eies malen oder, wie bei der Gans auf dem Gänseei, mehrmals nebeneinander setzen. Sie vermeiden so, daß sich im Osterstrauß eine einfarbige Fläche nach vorne dreht.

Malen mit Wasserfarben

Die Vorlagen finden Sie auf der Seite 59.

Hase, Hahn & Co

Diese Tiere werden schon die jüngsten Pinselkünstler zum Nachahmen anregen. Ein fröhlicher Hase auf einem Ei gehört ja auch unbedingt zum Osterfest. Doch auch ein frecher Drache oder ein bunter Phantasievogel, mit Wasserfarben gemalt, können sich sehen lassen.

Material und Werkzeug

- *Hühnerei*
- *Bleistift*
- *Deckfarben*
- *Haarpinsel Nr. 1, Nr. 4 und Nr. 10*
- *Klarlack, seidenmatt*

Zeichnen Sie das Motiv Ihrer Wahl nach der Vorlage von Seite 59 mit Bleistift auf das Ei, und verfahren Sie weiter, wie hier am Beispiel des Hasen gezeigt.

Tränken Sie den Pinsel Nr. 4 satt mit verdünntem Ocker, und malen Sie den gesamten Kopf mit Ausnahme des Auges zügig aus. Tupfen Sie den Pinsel an einem Lappen trocken, und nehmen Sie mit ihm überschüssige Farbe von der Fläche.

Nun lassen Sie das Ei trocknen und malen dann in derselben Weise den grünen Pullover und den blauen Hintergrund aus.

Einige Partien an Kopf, Ohren und Pullover werden dunkler abgehoben. Dazu übermalen Sie diese Stellen in derselben Farbe, spülen den Pinsel aus, tupfen ihn ab und nehmen damit wiederum überschüssige Farbe auf. Lassen Sie das Ei immer wieder trocknen. Diesen Arbeitsschritt wiederholen Sie so oft, bis die gewünschte Farbintensität erreicht ist.

Barthaare, Augen und Mund zeichnen Sie zuletzt mit dem dünnen Pinsel in Dunkelbraun oder Schwarz ein. Bei mehrfarbigen Flächen, etwa beim Phantasievogel, tupfen Sie eine zweite Farbe auf den noch nassen Grund der ersten, so daß beide Farben etwas ineinander verlaufen. Lackieren Sie das fertige Ei seidenmatt.

Tip

Die lustigen Tiermotive von Seite 20/21 können Sie auch als Vorlage für die Maltechnik mit Deckfarben verwenden.

Farb-
verläufe

Bei dieser Maltechnik spielt der Zufall eine entscheidende Rolle. In den verlaufenden Farben schafft er Formen, die an phantastische Landschaften erinnern. Gezeichnete Gold- oder Silberkonturen verleihen dem Ei einen edlen Charakter.

Material und Werkzeug

- *Hühnerei, Wachtelei*
- *Deckfarben oder Airbrush-Tinte in verschiedenen Tönen*
- *Deckfarbe, gold oder silber*
- *Haarpinsel Nr. 6, Nr. 1 und Nr. 10*
- *Schaschlikspieß*
- *Trockengefäß*
- *Klarlack, hochglänzend*

Wählen Sie pro Ei zwei Farben. Die erste Farbe lösen Sie in ihrem Näpfchen satt mit Wasser an und nehmen einen vollen Pinsel davon auf. Beginnen Sie an der aufgebohrten Seite des Eies, indem Sie die Farbe bis zur Eimitte naß auftragen. Die »Farbnasen« im unteren Bereich lassen Sie stehen.

Nun lösen Sie die zweite Farbe an, stecken das Ei auf einen Schaschlikspieß und bemalen es von der gegenüberliegenden Seite, so daß beide Farben in der Mitte zusammentreffen und ineinanderlaufen. Drehen Sie das Ei noch etwas hin und her,

damit sich die Farbnasen über dem Ei verteilen. Stellen Sie es zum Trocknen auf. Verwenden Sie Airbrush-Tinte, so können Sie die Farben direkt mit dem Pinsel aus dem Glas entnehmen. Die Tinte hat zwar eine längere Trockenzeit, trocknet dafür aber wasserfest auf, was das Anfassen des Eies erleichtert.

Die durch den Verlauf entstandenen Ränder und Flecken werden mit dem dünnen Pinsel in Gold- oder Silberfarbe durch Konturen abgesetzt. Sie können dabei Ihrer Phantasie freien Lauf lassen, und auch glatte Partien mit Linien bemalen, indem Sie beispielsweise ein Blumenmuster andeuten.

Die Oberfläche der Eierschale kann bei einem nassen Farbauftrag unterschiedlich reagieren, die Farbe verläuft eventuell besonders wolkig oder besonders glatt. Beide Fälle können Sie für diese Technik nutzen, indem Sie das Ei einfarbig bemalen und entweder die wolkigen Partien mit Konturen versehen oder auf den glatten Verlauf ein Muster zeichnen.

Gefällt Ihnen das fertige Muster, lassen Sie die Farben trocknen und lackieren das Ei mit hochglänzendem Klarlack.

Tip

Durch seine gefleckte Oberfläche bietet sich das Wachtelei für eine einfachere Variante dieser Technik an. Grundieren Sie es dünn in nur einer Farbe und zeichnen Sie die durchscheinenden Flecken mit Gold- oder Silberkonturen nach.

Fleckmuster

Als Variante der Farbverlauftechnik bieten die Fleckmuster eine breitere Möglichkeit der Farbgestaltung, und der Zufall spielt in den wenigen Verläufen nur noch eine geringe Rolle. Die folgenden Eier sind in jeweils drei bis vier Farben angelegt, wobei der weiße Untergrund in die Flächenaufteilung einbezogen ist.

Material und Werkzeug

- *Hühnerei*
- *Deckfarbe in verschiedenen Tönen*
- *Deckfarbe, gold oder silber*
- *Haarpinsel*
  Nr. 1, Nr. 6 und Nr. 10
- *Schaschlikspieß*
- *Klarlack, hochglänzend*

Stecken Sie das Ei auf einen Schaschlikspieß, und nehmen Sie die erste Farbe satt mit dem Pinsel auf. Malen Sie quer über das Ei verteilt Flecken in länglichen Spuren oder als runde Tupfer. Verfahren Sie ebenso mit der zweiten und dritten Farbe, wobei das Ei zwischendurch nicht trocknen muß. Die verschiedenen Farbflecken können sich berühren oder überschneiden, so daß sie teilweise ineinander verlaufen. Wenn etwa zwei Drittel des Eies mit Flecken bedeckt sind, lassen Sie es trocknen.

Umranden Sie die Formen mit dem dünnen Pinsel in Silber oder Gold. Zusätzlich können Sie die farbigen oder weißen Flächen mit Pünktchen oder einem Linienmuster verzieren.

Lackieren Sie das Ei hochglänzend.

Motive mit Glanzkontur

Angeregt durch die chinesische Cloisonné-Technik, bei der mit feinen Goldstegen gearbeitet wird, entstanden diese Eier mit Blumenmotiven und einem Drachen auf dem Gänseei. Wer im Umgang mit dem Pinsel etwas geübter ist, wird die Blumenmotive gleich mit dem Pinsel auftragen. Andernfalls wird mit dem Bleistift vorgezeichnet.

Zeichnen Sie das Blumen- oder Drachenmotiv nach der Vorlage von Seite 59 mit Bleistift auf das Ei, lassen Sie aber die Wölkchen im Hintergrund, die Blattadern und die Schuppen des Drachens aus. Dasselbe Motiv können Sie auch auf die Vorder- und Rückseite des Eies zeichnen.

Material und Werkzeug

- *Hühnerei, Gänseei*
- *Bleistift*
- *Deckfarben in verschiedenen Tönen*
- *Deckfarbe, gold oder silber*
- *Haarpinsel Nr. 1, Nr. 4 und Nr. 10*
- *Klarlack, hochglänzend*

Die Vorlagen finden Sie auf der Seite 59.

Die Vorlagen finden Sie auf der Seite 59.

Malen Sie die Blüten in Gelb und Rosa, Stiel und Blätter in Grün flächig mit Wasserfarbe aus. Nach dem Trocknen bemalen Sie den gesamten Hintergrund violett.

Für den Drachen wählen Sie als Körperfarbe ein kräftiges Blau, das Sie mit einem leuchtenden Rot für Kamm und Maul kontrastieren. Das satte Gelb des Hintergrundes bringt die Farben zum Leuchten.

Alle Konturen werden jetzt mit dem dünnen Pinsel in Gold- oder Silberfarbe nachgezeichnet, ebenso zeichnen Sie je nach Motiv die Blattadern, die Schuppen oder die Wölkchen im Hintergrund ein.
Haben Sie das Ei einseitig mit einem Motiv bemalt, so füllen Sie auch die einfarbige Rückseite mit Wölkchen aus.

Überziehen Sie das fertige Ei mit Hochglanzlack.

Mit Zeichenstift und Feder

Zarte Blüten- und Tiermotive

Wem der Umgang mit dem Zeichenstift mehr liegt, als der mit Pinsel und Farbe, möchte vielleicht diese Tier- und Blumenmotive als Anregung zum Nachzeichnen nehmen. Aber auch Tier- und Pflanzenbestimmungsbücher bieten viele reizende Motive, die sich als Zierde für ein Osterei eignen.

Material und Werkzeug

- *Hühnerei, Gänseei*
- *Bleistifte, H und HB*
- *Buntstifte*
- *Anspitzer*
- *evtl. Tintenradiergummi*
- *Sprühlack*

Bevor Sie sich für ein Motiv entscheiden und es auf das Ei zeichnen, sollten Sie abwägen, ob es sich besser der hochstehenden Eiform anpaßt, oder ob Sie es lieber quer darauf plazieren, so wie der Hase und die Ente auf den Gänseeiern.

Bei naturgetreuen Darstellungen von Tiermotiven auf Eiern muß außerdem die Rundung berücksichtigt werden, die leicht zu einer optischen Verzerrung führt. So muß man unter Umständen die Ohren eines Hasen oder Schnabel und Beine eines Vogels etwas kürzer zeichnen, als sie sind. Das ist der Grund, warum es keine geeignete Methode gibt, eine Zeichnung mit Hilfe einer Schablone auf das Ei zu übertragen.

Die Vorlagen finden Sie auf der Seite 60.

Arbeiten mit dem Bleistift

Zeichnen Sie die Umrisse eines Motivs nach der Vorlage von Seite 60/61 mit dem harten Bleistift dünn vor. Eine verrutschte Linie können Sie mit dem Radiergummi entfernen und neu zeichnen. Wichtig ist, daß alle Umrißlinien stimmen, denn dickere Striche und Schraffuren lassen sich nicht mehr radieren, ohne zu verwischen. Vermeiden Sie unbedingt, die Zeichnung anzufassen, da sonst häßliche Fingerabdrücke entstehen.

Zeichnen Sie alle Schattierungen mit dem harten Bleistift in kurzen Strichen, und spitzen Sie den Stift zwischendurch immer wieder an. Zuletzt schraffieren Sie dunkle Partien und Schatten mit dem Bleistift HB, um so das Motiv plastisch zu formen.

Arbeiten mit Buntstiften

Zeichnen Sie wie oben beschrieben das Motiv dünn mit dem Bleistift oder in den entsprechenden Buntstiftfarben vor. Schraffieren Sie die einzelnen Flächen zuerst nur schwach in der jeweiligen Farbe, und heben Sie dann durch stärkeres Aufdrücken dunklere Partien hervor.

Ziehen Sie zuletzt einige hauchfeine Umrißlinien mit dem harten Bleistift, um besonders helle Flächen, wie beispielsweise die Blütenblätter der Osterglocke, voneinander abzusetzen. Schatten heben Sie durch dunklere Farben hervor, so wird etwa Gelb durch Orange oder leichtes Grün dunkler, ebenso Rot durch Violett, Grün durch Blau. Blau und Violett verstärken Sie vorsichtig mit etwas Schwarz.

Grundsätzlich werden alle Bleistift- und Buntstiftzeichnungen mit Sprühlack fixiert, da ein Lackpinsel alles verwischen würde. Sprühen Sie zwei bis drei dünne Schichten auf, und lassen Sie den Lack nach jeder Schicht gut trocknen.

Tip

Möchten Sie auch auf der Rückseite des Eies zeichnen, so fixieren Sie zuerst nur die vordere Seite und lassen den Lack gut trocknen. Das Ei läßt sich jetzt anfassen, ohne daß die Zeichnung verwischt wird, und Sie können die Rückseite gestalten.

Material und Werkzeug

- *Hühnerei, Gänseei*
- *Zeichentusche*
- *Zeichenfeder 0,5 mm oder 0,7 mm oder Tuschefüller (rapidoliner)*
- *Haarpinsel Nr. 1, Nr. 4 und Nr. 10*
- *evtl. Bleistift*
- *Klarlack, hochglänzend oder seidenmatt*
- *Terpentinersatz oder Nagellackentferner*

Verspieltes in Schwarzweiß

Ohne großen Aufwand, jedoch mit einer Portion Geduld, entstehen diese schwarzweiß gehaltenen Ostereier. Sie können das Ei mit einer Holzstruktur verzieren, es mit Blüten oder kleinen Schnecken übersäen oder sich für ein Motiv entscheiden, das mit einem schwarzen Hintergrund an Jugendstil erinnert.

Für Tuschezeichnungen muß die Eioberfläche absolut fettfrei sein, da die Tuschestriche sonst nicht decken. Reiben Sie das Ei deshalb gründlich mit Terpentinersatz oder Nagellackentferner ab, und fassen Sie es nicht mehr mit fettigen Fingern an.

Die Vorlagen finden Sie auf der Seite 61.

Strukturen und Streumuster

Eine Vorlage für Strukturen und Streumuster finden Sie auf Seite 61. Beginnen Sie ohne Bleistiftvorzeichnung direkt mit der Feder 0,5 oder dem entsprechenden Tuschefüller auf dem Ei. Für die Holzstrukturen zeichnen Sie Linie neben Linie, mal mit schmalem, mal mit breitem Zwischenraum, und lassen die Struktur rund um das Ei wachsen.

Sind Sie mit dem Gesamteindruck zufrieden, füllen Sie einzelne Zwischenräume mit schwarzer Tusche und Pinsel aus, wobei Sie größere Flächen zweimal übermalen müssen, bis die Tusche gleichmäßig deckt.

Mit dem Streumuster verfahren Sie genauso, nur zeichnen Sie statt der Linien diesmal Blüten oder Schnekken und benutzen die breitere Feder.

Die Vorlagen finden Sie auf der Seite 61.

Motive

Die Umrisse eines Motives (Vorlagen auf Seite 61/62) zeichnen Sie sehr dünn mit Bleistift vor, ohne die Einzelheiten wie Schattierungen oder Schuppen auszuarbeiten.

Sie beginnen mit der dünnen Zeichenfeder oder dem Tuschestift ebenfalls bei den Umrißlinien und arbeiten die Details mit kleinen Strichen oder dünnen Linien aus.

Die Fische auf den Hühnereiern sind nach einer Vorlage gezeichnet und schwimmen, teilweise mit Überschneidungen, um das ganze Ei herum. Gräser, Wasserstreifen und Luftblasen können vor dem Einfärben des Hintergrundes leicht mit Bleistiftlinien angedeutet werden.

Die Phantasiepflanze auf dem Gänseei wiederholt sich auf der Rückseite.

Lackieren Sie diese Eier hochglänzend oder seidenmatt.

Tip

Entfernen Sie die Flecken eines Wachteleies vorsichtig mit feinem Schleifpapier, und zeichnen Sie passend zu einem Hühnerei ein Streumuster auf.

Die Vorlagen finden Sie auf der Seite 61/62.

Musikalische Variationen

Wer selber musiziert oder einem Musikliebhaber eine Freude bereiten möchte, liegt ganz bestimmt richtig mit einem »Musikei«. Wie eine Notenschrift in Schwarzweiß gehalten, wirkt es als Einzelstück genauso dekorativ wie in einer kleinen Gruppe.

Die Vorlagen für diese Eier finden Sie auf Seite 64. Zeichnen Sie mit Bleistift vor. Die waagerechten Linien von Notenschrift oder Klaviertastatur können Sie, wie im Tip auf Seite 19 beschrieben, mit einem Zirkel ziehen. Hat Ihr Zirkel einen Ziehfederaufsatz, können Sie diesen benutzen, um die Linien mit Tusche oder verdünnter Farbe nachzuzeichnen.

Verwenden Sie Pinsel Nr. 1 für alle Notenzeichen und Pinsel Nr. 4 für größere Flächen. Weiße Figuren auf schwarzem Grund werden ausgespart. Würden Sie Weiß auf Schwarz zeichnen, müßte die Farbe mindestens dreimal aufgetragen werden, bis sie gleichmäßig deckt.

Die verstreuten Notenzeichen werden über das gesamte Ei verteilt, die übrigen Motive können Sie auf der Rückseite wiederholen oder nur auf einer Seite aufmalen.

Tip

Gestalten Sie ein Musikei mit persönlicher Note, indem Sie den Anfang einer Notenzeile Ihrer Lieblingsmelodie mit dem Kopierer vergrößern und als Vorlage verwenden.

Material und Werkzeug

- *Hühnerei, Gänseei*
- *Bleistift*
- *Zeichentusche*
- *Deck- oder Plakafarbe, schwarz*
- *Haarpinsel Nr. 1, Nr. 4 und Nr. 10*
- *evtl. Zirkel*
- *Klarlack, hochglänzend*

Die Vorlagen finden Sie auf der Seite 62.

392
Nachfolger

Eierdekor einmal ganz anders

Netzbatik

Wer sich im Umgang mit dem Pinsel oder Zeichenstift noch etwas schwer tut, aber trotzdem einen bunten Osterstrauß kreieren möchte, hat mit dieser Technik schnell Erfolg. Oder Sie machen ein kleines Fest daraus, indem Sie zusammen mit Kindern diese Netzbatik-Eier spritzen.

Legen Sie das Netz um das Ei, und binden Sie es mit einem Tütenclip oder Faden so zusammen, daß es stramm anliegt.

Rühren Sie in dem Näpfchen eine verdünnte Deck- oder Plakafarbe an. Es sollte etwa halb voll sein.

Um Spritzflecken zu vermeiden, sollten Sie Ihre Arbeitsfläche großzügig mit Zeitungen auslegen. Plazieren Sie das Ei so darauf, daß die weitmaschige Seite nach oben zeigt. Nun tauchen Sie die Zahnbürste mit der Spitze in die Farbe, halten des Spritzsieb 10 bis 15 cm über das Ei und streichen mit der Bürste über die Drahtmaschen. Dadurch zerstäubt die Farbe zu winzigen Tröpfchen und färbt das Ei ein. Wiederholen Sie den Vorgang so oft, bis die gewünschte Farbintensität erreicht ist. Zwischendurch drehen Sie das Ei immer ein Stück, bis alle weißen Stellen mit Farbe bedeckt sind. Ist alles gut getrocknet, entfernen Sie das Netz.

Material und Werkzeug

- *Hühnerei*
- *Obst- oder Gemüsenetz*
- *Tütenclip oder Faden*
- *Pinsel, mitteldick*
- *Deck- und Plakafarben*
- *kleiner Napf (z. B. von Kaffeesahne)*
- *Spritzsieb (Bastelbedarf)*
- *alte Zahnbürste*
- *Zeitungen*

Tip

Durch das Abbinden des Netzes bleibt eine weiße Stelle zurück, die störend wirken kann, wenn sie zu groß ist oder seitlich auf dem Ei liegt. Spritzen Sie diese Stelle ohne Netz in derselben Farbe. Sie können auch von vornherein nur die Eihälfte auf der weitmaschigen Seite spritzen. Dann binden Sie nach dem Trocknen das Netz entgegengesetzt zusammen und spritzen die andere Hälfte in einer zweiten Farbe.

Material und Werkzeug

- *Hühnerei*
- *Plastilin, walnußgroß*
- *1–2 Pflanzenblätter mit ausgeprägten Blattadern, etwa in halber Größe eines Hühnereies*
- *Deckfarben*
- *Pinsel, mitteldick*

Blattstempel

Besonders Kinder haben viel Spaß beim Ostereierstempeln mit Pflanzenblättern. Mit einfachen Mitteln lassen sich wirkungsvolle Bilder zaubern. Vielleicht verbinden Sie einen vorösterlichen Spaziergang mit der Suche nach verschiedenen Blättern, die sich zum Stempeln eignen, oder Sie haben eine geeignete Grünpflanze auf der Fensterbank.

Das Plastilin muß gut durchgeknetet sein, damit es geschmeidig ist. Formen Sie eine flache Rolle daraus, und drücken Sie sie vorsichtig an die Seite eines Hühnereies, so daß eine etwa 3 x 4 cm große Mulde entsteht.

Mit der ausgeprägten Seite nach oben wird das Blatt leicht in der Mulde angedrückt, und schon ist der Stempel gebrauchsfertig.

Pinseln Sie das Blatt mit Deckfarbe ein, und drücken Sie den Stempel seitlich auf das Ei. Das Blattmuster paßt sich genau der Rundung an. Mit demselben Farbauftrag können Sie mehrere Abdrücke machen, bis die Farbe verbraucht ist. Wenn Sie rund um das Ei Blätter in verschiedenen Farben oder Farbtönen stempeln, so entsteht nach und nach ein Bild, das an eine Baumlandschaft erinnert.

Nach mehrfachem Gebrauch drücken sich die Blattadern flach. Wechseln Sie dann das alte gegen ein frisches Blatt aus.

Eierschalen-Mosaik

Die kleingebrochenen Schalenstücke, naturbelassen oder eingefärbt, präsentieren sich auf dem Ei sehr ausdrucksvoll. Bevor Sie sich an ein komplexes Bildmotiv wagen, sollten Sie mit einem Streumuster beginnen, um ein Gefühl für diese Technik zu bekommen.

Material und Werkzeug

- *Wachtelei, Hühnerei, Gänseei*
- *Eierschalen vom Hühnerei*
- *Plakafarben, matt und metallic*
- *Deckfarben*
- *Pinsel Nr. 6, Nr. 10*
- *Bleistift*
- *Papierbogen*
- *Klebestift*
- *Zahnstocher*
- *Klarlack, hochglänzend*

Grundtechnik

Für die Mosaikteilchen können Sie sowohl Schalen von gekochten, als auch von roh aufgeschlagenen Eiern verwenden. Die Schalenhälften gut ausspülen und die weiche Innenhaut abziehen.

Für ein farbiges Mosaik malen Sie die Schalenhälften außen mit Deck- oder Bastelfarbe in jeweils einem Ton an und lassen sie trocknen.

Brechen Sie ein Stück Eierschale ab, und legen Sie sie mit der gewölbten Seite nach oben auf ein Blatt Papier. Nun drücken Sie die Schale mit dem Finger oder der Bleistiftrückseite flach, so daß sie in kleine Teile zerbricht.

Dann streichen Sie eine etwa 2 x 2 cm große Stelle des Eies mit dem Klebestift ein, befeuchten die Spitze des Zahnstochers mit Kleber, nehmen damit ein Mosaikteil auf und setzen es auf das Ei. In dieser Weise verfahren Sie mit dem gesamten Mosaik.

Das fertige Ei wird hochglänzend lackiert.

Streumuster und Phantasielandschaft

Das Mosaik mit Streumuster läßt viele Varianten zu. Sie können das Ei weiß lassen oder mit Plakafarbe grundieren. Die Mosaikteilchen können kunterbunt über das Ei verteilt werden, entweder offen verstreut oder dicht zusammenliegend. Oder Sie setzen Farbfelder auf, die sich in loser Folge abwechseln.

Auf dieser Grundlage entwickelt sich eine Phantasielandschaft. Sie beginnen mit einer Farbe und legen damit quer über das Ei Spuren. Lassen Sie eine zweite Farbe daran angrenzen, parallel laufen oder eine Fläche bilden. Verfahren Sie ebenso mit den folgenden Farben, und füllen Sie zuletzt die offenen Flächen mit weißem Mosaik als Hintergrund aus. Da Eierschalenteile immer unterschiedlich brechen, lassen sich diese Varianten nicht nach einer Vorlage arbeiten, sondern nur individuell gestalten. Formen und Farben werden Sie inspirieren.

Motive

Das Motiv zeichnen Sie nach einer Vorlage von Seite 58 (Pinguin Seite 58) mit Bleistift auf das Ei. Beginnen Sie mit einer Farbpartie, die Sie etwas überlappend mit Kleber bestreichen. Legen Sie die Mosaikteile möglichst dicht zusammen, und suchen Sie für einen gleichmäßigen Verlauf der Außenkanten passend geformte Teile. Dafür müssen Sie eventuell immer wieder neue Schalenstücke zerkleinern.

Die anderen Farbflächen bearbeiten Sie in gleicher Weise und legen zuletzt den Hintergrund an, der auch über die Rückseite des Eies läuft. Für die Rückseite können Sie etwas größere Mosaikteile verwenden, was die Arbeit vereinfacht, ohne die optische Wirkung zu beeinträchtigen.

Die Vorlagen finden Sie auf der Seite 58.

Einfarbiges Mosaik

Diese Technik bildet eine Ausnahme, da das Ei erst nach dem Aufsetzen übermalt wird. Bekleben Sie es rundherum mit sehr kleinen Schalenteilen, wobei es gleichgültig ist, ob diese weiß, braun oder farbig sind.

Mischen Sie eine matte Plakafarbe mit derselben oder einer anderen Farbe in Metallic, etwa ein mattes Rot mit Metallic-Rot, mattes Blau mit Metallic-Grün oder mattes Türkis mit Silber. Dadurch entsteht eine seidenglänzende Oberfläche. Färben Sie das gesamte Ei damit ein. Es wird nicht lackiert.

Vorlagen

in Originalgröße

Blattranken

Babuschka

Stadtansichten

Lustige Tiermotive

Hase, Hahn & Co

Motive mit Glanzkontur

Motive mit Glanzkontur

Zarte Blüten- und Tiermotive

Zarte Blüten- und Tiermotive

Verspieltes in Schwarzweiß

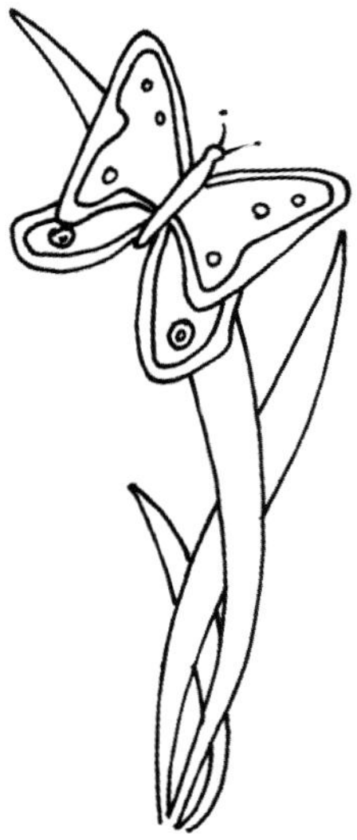

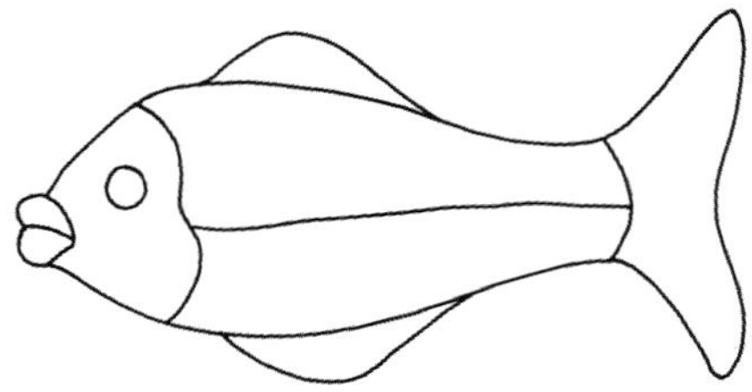

Verspieltes in Schwarzweiß

Musikalische Variationen

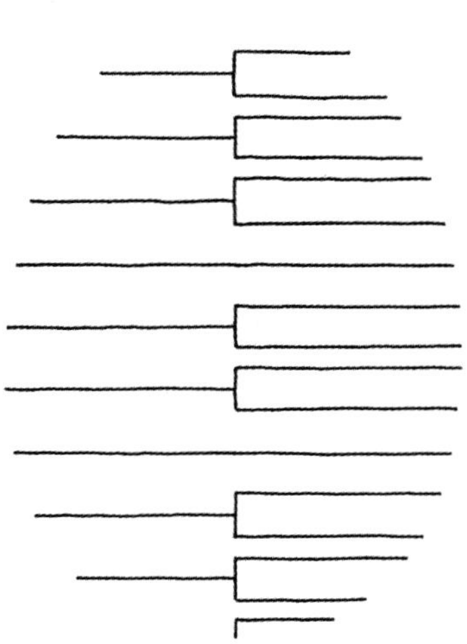

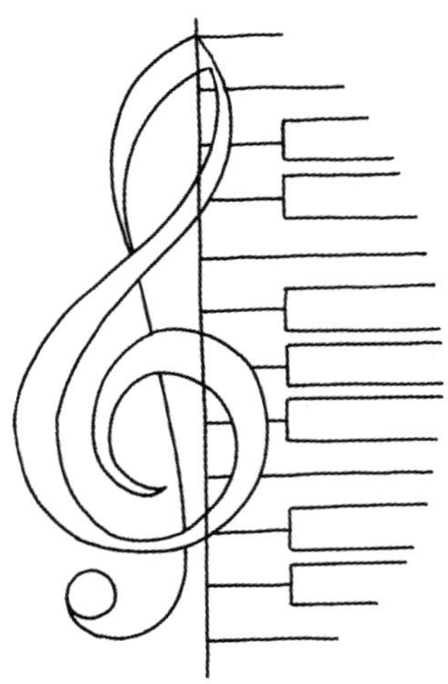

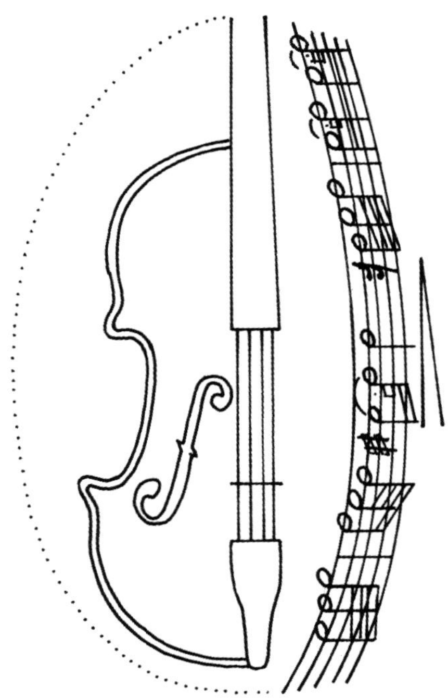

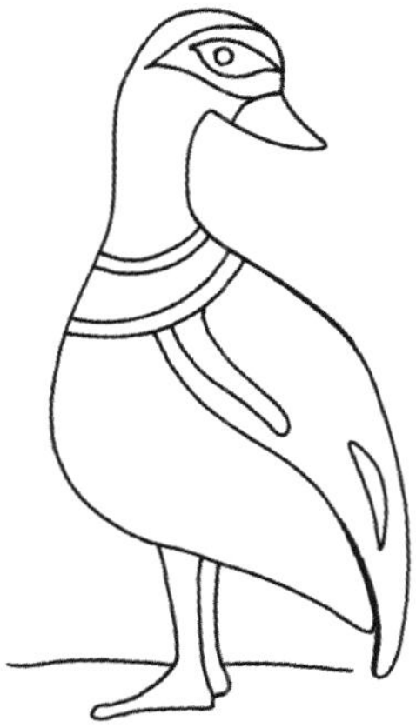

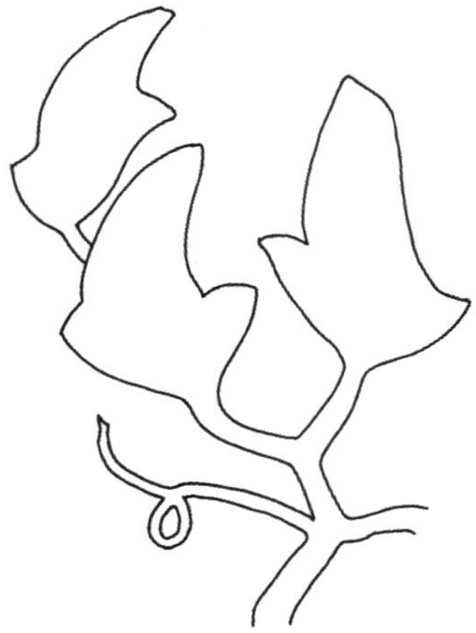

Eierschalen-Mosaik

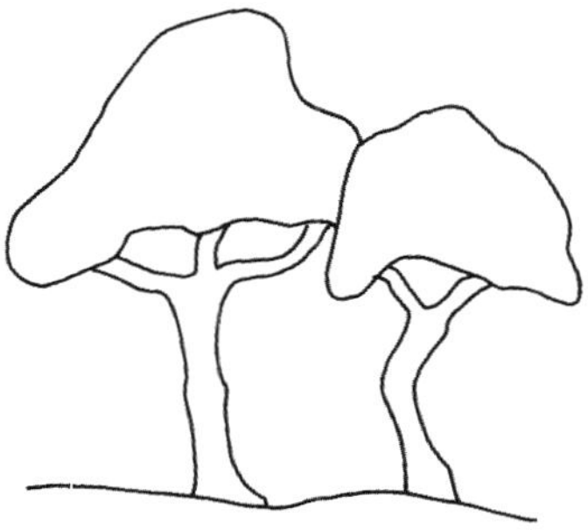

Die Deutsche Bibliothek
– CIP-Einheitsaufnahme
Tolle Ostereier : Tips, Tricks, Techniken ; mit Vorlagen in Originalgrösse / Iris Prey.
– Augsburg : Augustus-Verl., 1997
ISBN 3-8043-0389-7

Das Werk einschließlich aller seiner Teile ist urheberrechtlich geschützt. Jede Verwertung außerhalb des Urhebergesetzes ist ohne Zustimmung des Verlages unzulässig und strafbar. Das gilt insbesondere für Vervielfältigungen, Übersetzungen, Mikroverfilmungen und die Einspeicherung und Verarbeitung in elektronischen Systemen.

Es ist deshalb nicht gestattet, Abbildungen dieses Buches zu scannen, in PCs oder auf CDs zu speichern oder in PCs/Computern zu verändern oder einzeln oder zusammen mit anderen Bildvorlagen zu manipulieren, es sei denn mit schriftlicher Genehmigung des Verlages.

Die im Buch veröffentlichten Ratschläge wurden von Verfasserin und Verlag sorgfältig erarbeitet und geprüft. Eine Garantie kann dennoch nicht übernommen werden, ebenso ist eine Haftung der Verfasserin bzw. des Verlages und seiner Beauftragten für Personen-, Sach- und Vermögensschäden ausgeschlossen.

Jede gewerbliche Nutzung der Arbeiten und Entwürfe ist nur mit Genehmigung von Verfasserin und Verlag gestattet.

Bei der Anwendung im Unterricht und in Kursen ist auf dieses Buch hinzuweisen.

Fotografie: Annette Hempfling, München

Lektorat: Sabine Fels, Renningen

Umschlaggestaltung: Christa Manner, München

Layout: Anton Walter, Gundelfingen

AUGUSTUS VERLAG AUGSBURG 1997
© Weltbild Verlag GmbH, Augsburg

Satz: Gesetzt aus 9,5 Punkt Caecilia Light in Quark-X-Press von DTP-Design Walter, Gundelfingen
Reproduktion: Color-Line, I-Verona
Druck und Bindung: Appl, Wemding

Gedruckt auf 120 g umweltfreundlich elementar chlorfrei gebleichtem Papier.

ISBN 3-8043-0389-7
Printed in Germany